समुद्र मंथन

देव-असुरों बीच अमरत्व-संघर्ष की अमर-कथा

बलराम सिंह भाटी

BlueRose ONE.com
Stories Matter
NewDelhi • London

BLUEROSE PUBLISHERS
India | U.K.

For permissions requests or inquiries regarding this publication, please contact:

BLUEROSE PUBLISHERS
www.BlueRoseONE.com
info@bluerosepublishers.com
+91 8882 898 898
+4407342408967

ISBN: 978-93-6452-474-2

Cover Design: Beena
Typesetting: Sagar

First Edition: September 2024

भूमिका

समुद्र मंथन का उल्लेख प्राचीन भारतीय ग्रंथों, विशेषकर पुराणों में मिलता है।यह एक अद्‌भुत पौराणिक घटना है जिसमें देवताओं और असुरों ने मिलकर अमृत प्राप्त करने के लिए समुद्र का मंथन किया था।

समुद्र मंथन की कथा का वर्णन मुख्य रूप से ***विष्णु पुराण*** और ***भागवत पुराण*** में किया गया है। इसका कोई ऐतिहासिक समय निश्चित नहीं है क्योंकि यह एक पौराणिक कथा है और इसे वास्तविक इतिहास के रूप में नहीं देखा जाता। इस कथा का धार्मिक,आध्यात्मिक व सांस्कृतिक महत्व अधिक है और इसे हिंदू धर्म के महत्वपूर्ण प्रसंगों में से एक माना जाता है।

ऋषि दुर्वासा के शाप के कारण देवगण श्री-हीन, शक्ति-हीन, ऐश्वर्य-हीन हो गये।देवों से उनकी दिव्यता हर गयी,अति-निर्बलता के कारण उनसे असुरों ने स्वर्ग को हथिया लिया।निराश देवगण ब्रह्माजी के पास गये,जहां पिता ब्रह्म-देव ने उन्हें श्रीहरि-विष्णु के पास जाने का सुझाव दिया। श्रीहरि की घोर उपासना के बाद जगपालक भगवान विष्णु ने प्रसन्न हो देवगणों को उनका सर्वस्व लौटाने का भरोसा दिलाया व इसके लिए समुद्र-मंथन की योजना बताई। श्रीहरि ने इस योजना को पूर्ण करने व सफल बनाने के लिए देवों को परम पूज्य महादेव व असुर-जात के सहयोग हेतु मनाने की बात कही,चूंकि निर्बल व शिथिल तन लिए देवगण मंदराचल विशाल गिरि को क्षीर सागर में कैसे अकेले मथते।

सागर की गहराई से उत्पन्न विभिन्न अलौकिक वस्तुओं के निकलने व उनपर दोनो पक्षों का आधा-आधा बंटवारा करने पर सहमति हुई।समुद्र मंथन से कई महत्वपूर्ण वस्तुएं और व्यक्तित्व उत्पन्न हुए थे, जैसे कि अमृत,देवी लक्ष्मी,कौस्तुभ-मणि, उच्चै-श्रवा अश्व, ऐरावत हाथी, वारूणि,रंभा और हलाहल विष (जिसे भगवान शिव ने पी लिया था)।हलाहल विष सर्व-प्रथम निकला,जो

इतना भयंकर था कि तीनों लोकों में हाहाकार मच गया, सृष्टि को बचाने के लिए महादेव ने हलाहल को अपने कंठ में उतारा, तभी से भगवान भोले का एक नाम नीलकंठ भी हैं।

"भोले गटक गये समग्र विष को
कंठ में उतरा जब कटु कालकूट।
नीला कंठ हुआ महादेव का-
देव-असुरों के लगे पसीने छूट।"

अंत में धनवंतरि अमृत कलश लेकर प्रकट हुए, असुरों ने कलश छल से छीन लिया, देवगण ठगा महसूस करने लगे,विवश हो हरि पुकारे,जिन्होंने मोहिनी रूप धारण कर असुरों से अमृत कलश छुड़ा कर देवों को अमरत्व प्रदान किया।

"देवों को न्याय दिलाने को!
उन्हें अमृत-पान कराने को।
आज हरि मनोहर रूप लिए!
वसनों पर मोहक गंध लिए।"

हिंदू-धर्म में इस कथा का बहुत महत्व हैं।भगवान विष्णु के कच्छप अवतार की यह कथा बारंबार भक्तगण सुनकर कृतार्थ होते हैं।मंदराचल पर्वत जब क्षीर के अंदर स्थापित किया तो वह धसने लगा,तब प्रभु श्रीहरि ने कच्छप-रूप धारण कर मंदराचल को आधार प्रदान किया।

अमृत-कलश असुरों के हाथ में आने पर श्रीहरि भगवान विष्णु मोहिनी रूप(अप्सराओं से भी सुंदर नारी)रख अमृत देवों के लिए लाते है।यह बात असुरों के गुरू शुक्राचार्य को पीड़ा पहुंचाती है और वह सुदर्शन चक्रधारी नारायण से कुतर्क कर असुरों से छल की बात कहते है,नारायण अत्यंत सहज-भाव से शुक्र के प्रश्नों के उत्तर देकर उन्हें शांत कर देते है।

देव है सहायक सृष्टि पालन में!
धर्म,न्याय,रक्षा,ऋतु-संचालन में।
यज्ञ-वेद,शास्त्रों के ज्ञान अनुपालन में।
सदैव तत्पर प्रकृति के लालन-पालन में।
देव जगाते नर-ह्रदयों में सदैव धर्म की लीक।
कहो!शुक्र!इन असुरों से कर पाऊंगा मैं प्रीत?

समुद्र-मंथन मेरी तृतीय काव्य रचना है,आशा है,पाठक-गण इसका आनंद ले,अविरत काव्य-लेखन हेतु मेरा उत्साह-वर्धन करेंगे।

अनुक्रमणिका

1. दुर्वाशा-इंद्र वार्ता

सतयुग की है यह बात सुनो!
अनुसूया सुत की कथा सुनो।
इन्हें महादेव का अंश कहो!
है लिए भयंकर क्रोध अहो!

मुनिवर अत्रि के पुत्र हैं ये!
तीनों लोकों में प्रसिद्ध हैं ये।
सब इनके कोप से कांपते हैं।
इनके सम्मुख सर्वस्व त्यागते है।

वो काल-खंड कुछ ऐसा था!
इंद्र कर्त्वय भूल कर बैठा था।
सभी मृत्युलोक पर पीड़ित थे!
देव भोग-विलास से ग्रसित थे।

ऋषि-मुनियों ने हुंकार भरी।
सबने मिलकर वृहद सभा करी।
देवों को सबक सिखाने को!
उन्हें कर्तव्य-ज्ञान कराने को।

ऋषि-सभा ने यह निर्णय लिया!
दुर्वासा को ज्ञानकर्ता नियत किया।
जाओं ऋषिवर अब स्वर्गलोक।
इंद्र-देव को कराने कर्तव्य बोध।

चल पड़े सहर्ष, वह अत्रि-पुत्र!
हाथ लिए कमंडल व ज्ञान-सूत्र।
मुख लाल,आंख लाल-पीली कर!
बढ़ चले स्वर्ग-पथ होकर निडर।

सूचना गयी इंद्र तक,भयभीत देव!
थे अशंकित आती साक्षात प्रलय देख।
इंद्र भी थे कुटिल नीति में प्रवीण।
भेजा देव-परी को करने ऋषि क्रोध क्षीण।

जब संकट मंडराता अपने ऊपर!
साहस-बुद्धि-धैर्य रखो सदैव ऊपर।
चलनी ही होती है,हर वो चाल!
पाएं निश्चय ही विजय का गलहार।

देव-परी पहुँची ऋषि के समीप!
देख ऋषि-रूप ली आँखें मींच।
किया नमन, हुए ऋषि अति प्रसन्न।
पड़ी नजर,हुए वैजयंती हार देख दंग।

बोले! हे! देवी दो मुझे ये गलहार।
इसकी सुगंध पर ऋषि गया हार।
दो हार मुझे, यह उपकार तू कर।
दूँ आशीष तुझे,मेरा यह कार्य तू कर।

पा माला ऋषि अब स्वर्ग-पथ बढ़े!
ऐरावत पर इंद्र विचरण पर थे।
रूके इंद्र,नमन कर बोले!
स्वर्ग आने का ऋषिवर! रहस्य खोले।

लगाई फटकार इंद्र स्थिति समझ गये!
ली क्षमा माँग,ऋषि चरणों पर गिर गये।
आतिथेय स्वीकार करो! हे! ऋषि श्रेष्ठ!
दुर्वासा-कोप से, देवराज कर कांप रहें।

हुए प्रसन्न ! दुर्वासा ऋषि बोले!
मेरा यह उपहार स्वीकार करों।
पारिजात की वैजयंती माला,
देव इसे सहर्ष अंगीकार करो।

माला दी फैंक…इंद्र ने लपकी!
ऋषि बढ़ चले वह मृत्यु-लोक।
इंद्र ने वैजयंती माला ऐरावत सिर-
रख दी,बढ़ चले अब स्वर्गलोक।

माला से सुगंध,गंध सी लगती!
ऐरावत ने रौंदा,रख अपने पैर।
नजर पड़ी,कुपित हुए दुर्वासा-
अब इंद्र पर टूटेगा कटु कहर।

उठा कमंडल….ले जल हाथ-
दिया शाप कुछ ऐसा,इंद्र हैरान।
स्वर्ग छीन ले असुर,अगले ही पल-
ऐरावत अभी हो जाए अंतर्ध्यान।

श्री-विहीन हो जाओं देव तुम-
ऐश्वर्य-वैभव तुमसे रहें कोसों दूर।
निर्बल हो जाओं,दिव्यता हर जाए!
देव तुम्हारा अब हो घमंड चूर।

इतनी कह दुर्वासा ऋषि भूलोक चले।
था भारी रोष, अति विस्मय में देव खड़े।
सचमुच मद में आकर हुई कर्तव्य-भूल।
ऋषि शाप देव-हृदय में रहा है शूल।

शाप फलित हुआ अगले ही पल।
असुरों ने स्वर्ग पर धावा बोला।
निर्बल पड़ गये थे सारे देवगण-
स्वर्ग पर असुरों का हुआ बोलबाला।

थे कभी राजा..आज राज्य-विहीन!
अति लज्जित है और बुद्धि भी क्षीण।
न सुहाता मार्ग, उलझन में रात-दिन।
करे चिंतन..कैसे सर्वस्व गया है छिन।

मलमल के बिस्तर पर सोने वाले….
अति मनमोहक सुगंध में जीने वाले….
शाम ढलते ही रंगशाला जाने वाले….
अप्सराओं संग जीवन आनंद लेने वाले…

देव ग़रीबी से पीड़ित है!और-
लजीज व्यंजन से है वंचित।
फूलों के रस से जो नहाते थे!
आज कोई सरोवर नही उपस्थित।

सूखे मेवों से जो कलेवा करते!
छप्पन भोग नित लगाया करते।
चंदन लेप वदन पर अपने मलते।
पुष्पों पर पदचाप किया जो करते।

उन्हें काँटों की राह पर चलना होगा।
धूप-दोपहरी विचरण करना होगा।
भोजन बिन भूखे पेट भी रहना होगा।
खुले आसमान के नीचे सोना होगा।

धरती देव बिछौना बन गयी।
सरस जिंदगी नरक सी बन गयी।
सभी देवों ने अब श्रीहरि पुकारे।
नारायण! हरो सारे कष्ट हमारे।

देव कर्म-हीनता बनी दुखदाई!
विपदा में बात समझ यह आई।
कर्मों का फल सबको है मिलता।
कर्म-कोख में कर्म-फल पलता।

पाता जीवन,जो बीज वह बोता।
बोया बबूल,फिर फल क्यों होता?
करनी अच्छी यदि हो,जीवन तेरी।
चमन बीच खिले धूप सुनहरी।

कमर कसी,देव बने पुरूषार्थी।
पाए खोया वैभव,बन साहसी।
चले ब्रह्म-देव से पाने उपाय।
त्रिदेव बने,निर्बल देव-सहाय।

2. श्रीहरि-स्तुति

हार गये हम सब-कुछ अपना।
प्रभु अब बेड़ा पार लगाओ ना।
असुर बन गये स्वर्ग के राजा!
हम शरणागत करे अभिलाषा।
हमें अविलंब स्वराज दिलाओ ना।

हरि ही केवल मात्र हैं आशा-
हम शरणागत आएँ प्रभु के द्वार।
युगों से हरि हो तुम जगपालक-
तीनों लोकों के हो पालनहार।
गाह ने जकड़ा पैर जब गज का-
गज-पुकार पर प्रभु दौड़े चले आओं ना।
हमें अविलंब स्वराज दिलाओं ना।

शरण आएँ सब देव..करे वंदना!
भक्त है बेबस और लाचार खड़े।
ऐसा कोई कार्य नही इस जगत में-
जो नारायण भक्त-हित नहीं करे।
हिर्णयाक्ष ने समुद्र बीच डूबोया धरा को
प्रभु वही वाराह रूप दिखाओं ना।
हमें अविलंब स्वराज दिलाओं ना।

श्री रूठ गयी देखो! हमसे प्रभु!
शक्ति ने भी साथ छोड़ दिया।
ऋषि श्राप के कारण हे! प्रभु!
स्वर्ग ने भी नाता तोड़ लिया।
हरि-हरि नाम लिया भक्त प्रहलाद ने
प्रभु फिर से नरसिंह रूप दिखाओं ना।
हमें अविलंब स्वराज दिलाओं ना।

हैं बलहीन,हुआ पराकर्म क्षीण
मानस में चल रहा है अंतर्द्वंद्व।
कैसे खोया हक,पाए अपना-
मार्ग दिखलाओ कोई प्रबुद्ध।
हर समस्या का हल हाथ आपके
प्रभु विजय का सही मार्ग दिखाओं ना।
हमें अविलंब स्वराज दिलाओं ना।

सिर लज्जा से झुका हैं प्रभु
दिव्यता और वैभव छिन गया।
शिथिल तन हैं,चिंतित मन है-
अहंकार हमें विनाशी बना गया।
जिए नवजीवन धर्ममार्गी प्रभु-
अब सत्य-मार्ग हमें बतलाओं ना।
हमें अविलंब स्वराज दिलाओं ना।

लेते शपथ न चले कभी कुपथ!
हम जीवन में सबक यह याद रखे।
कर्महीनता,उदासीनता,भोग-वासना
इन सबका जीवन में परित्याग करे।
इन सब नियमों का पालन हम करें!
प्रभु! हमें अब ऐसा पाठ पढ़ाओं ना।
हमें अविलंब स्वराज दिलाओं ना।

उठो! देव!..... अब समाधान करो!
हम पर शीघ्र दया का कष्ट करो।
..मिले शीघ्र खोया सर्वस्व हमारा-
देवों का सुखमय अब जीवन करो।
निर्बल है,शक्ति नही, तन बदन में!
प्रभु नव-शक्ति संचार कराओं ना।
हमें अविलंब स्वराज दिलाओं ना!

3. मंथन-योजना

बीच भंवर में फंसे खड़े हैं याचक!
अति दूर किनारा लगता जिनको!
आस स्वर्ग की त्याग चुके जो..
नारायण बने सहाय,उबारने उनको।

असहाय के सहायक,दुःखों के नाशक!
हैं कष्ट-हर्ता,जीवन-दाता,भाग्य-विधाता।
बने है सहायक,लगे बताने युक्ति अनोखी!
देव विवश हैं,जिन्हें कुछ समझ नहीं आता।

सुनो हे! देवों! सागर-मंथन अब होगा!
क्षीर-सागर में अब तुम्हें उतरना होगा।
मथनी बनेगा..विशाल मंदराचल पर्वत!
नेति हेतु वासुकी को समझाना होगा।

देव सुनो! यह सब नहीं अकेले तुमसे होगा।
असुरों का सहयोग अति अनिवार्य ही होगा।
प्रभु असुर नहीं हैं हमसे मानने वाले
प्रभु आप को ही उन्हें समझाना होगा।

अमृत निकलेगा मंथन में,मृत्यु से अभय मिलें।
जन्म-मरण का बंधन छूटे,जीवन पुष्प अनंत खिले।
यही बात जब असुर सुनेंगे,सहर्ष करेंगे वो मंथन।
अमरत्व मिलेगा असुर-जात को,कदापि करे,वो खंडन।

पर बिन भोले कार्य समापन नहीं तुम्हारे बस होगा।
नेति हेतु शिव-गल-शोभा वासुकी,भोले से पाना होगा।
मथनी बनेगा मंदराचल,देवों करो याचना तुम।
मथे क्षीर का ह्रदय,मंथन सफल बनाओं तुम।

इतनी सुनकर देव चले,जहाँ योगनिद्रा में लीन महादेव।
किया नमन सब देवों ने,नींद से जागे अब महादेव।
प्रयोजन समझ गये,बोले!सुनो हे! इंद्रदेव!
इस शुभ-कार्य में,मेरा मिले सहयोग सदैव॥

दूर हुई कठिन सी बाधा,असुरों ने भी सहर्ष हाँ भर दी।
मंदराचल को उठा गरूड़ ने भीषण समस्या हल कर दी।
अब रखा मंदराचल,क्षीर केंद्र..समुद्र में वह धंसता चला गया।
बने आधार प्रभु!पदमनाभ,कच्छप अवतार धारण किया।

नेति बना वासुकी,पर घर्षण से होगी अति पीड़ा।
दिया आशीष प्रभु ने,वासुकी न सहे तनिक पीड़ा।
कार्य बड़ा ही धर्म-संगत है,वासुकी तुम बिन यह संभव नहीं।
करूँ सम्मानित कार्य-पूर्ण पर,तुम बिन अमृत उद्भव नहीं।

तीनों देव बने हैं सहायक, देव-असुर शुरू करो मंथन।
लड़ने लगे देव व दानव,वासुकी मुख का दोनों करते वर्जन।
चली नारद ने कूट-चाल,असुरों का किया मार्ग-दर्शन।
जब मथो सागर हे!असुरों,वासुकी पूंछ करे मल-उत्सर्जन।

बात लगी उनको सच्ची,लिया पकड़ वासुकी का मुखड़ा।
थे संतुष्ट समस्त देव,नारद-मुनि ने हरा देव-दुखड़ा।
बचे देव! चाल सफल थी,नारदजी ठहरे चपल मुनि।
बचे वासुकी के विष से, देवों के तन को न हो क्षति।

हर-हर महादेव.. हर-हर महादेव असुरों के मुख सुन जयघोष!
जय नारायण..जय ब्रह्मदेव..मंथन में भरता देवों में जोश।
उठने लगी तेज लहर, रहा क्षीर का ह्रदय डांवाडोल!
अब मंथन ने कार्य आरंभ किया,देव-असुरों का साहस रहा डोल।

उठे ज्वार..कभी सिमटे भाटा, साहस पल-पल मंथन करता।
उतार-चढ़ाव की प्रक्रिया में,साँसों पर जीवन बंधन सा पाता।
हट थी मंथन करे सब मिलकर,जीवन सफल बनाना उनको।
मिले घूंट बने मृत्युंजय,न भय रहें मौत का कभी जिनको।

देव-असुर करते सतत मंथन,परिश्रम का फल मिले अतिशीघ्र।
संपूर्ण जगत देख रहा है,मंथन से रत्न निकलेगा शीघ्र।
देव लगाते केंद्रीय बल,दानव का उलट अपकेंद्रिय बल।
क्षीर ह्रदय पर अति दबाव है, बाढ़ को ला रहा प्लावन बल।

पाते है पुरस्कार धरा पर,जो योजना-पूर्ण करे कार्य यदि।
सफल होते है जग में,जो ताके नभ! पर पैर न तजते कभी मही।
संघर्ष है महासूत्र जीत का, साहस जीत का बने आलंब।
बुद्धि-बल, लगन,धैर्य-शीलता,विजय का करते है आरंभ।

अपना खोया पाना चाहिए,परिश्रम बिन,नही कोई मार्ग।
हार मानकर बैठ गया जो,उनके जग क्यों..लिखे इतिहास?
ले प्रवेश….परीक्षा देना, होता है हर शिक्षार्थी काज।
कर मेहनत लिखे परीक्षा,कभी न मिलती उनको मात।

उठने लगी सिंधु में लहर,मथनी ने अपना कार्य किया।
ज्वार आया बीच जलधि के,वारि ने सब पर कुठार किया।
जलीय-जंतु अति विचलित है,लहर बनी काल का गाल।
जपने लगे सभी नारायण को,हे! हरि बचाओं हमारे प्राण।

कुछ पाने को खोना ही पड़ता,जीवन है चलने का नाम।
जपो हरि-हर जलीय प्राणी,प्राण हरे तो मिले बैकुंठ-धाम।
अति भयंकर दृश्य मंथन का, लहरों का उठना और गिरना।
अति-वेग से मथ रहे देव,असुरों ने नही सीखा कभी थकना।

आशा एक अस्त्र अनोखा,खोने न दे कभी ये धीर।
कर पान अमरत्व पाएँगे,उपजेगी जब अमृतखीर।
सोच रहे,अमरता पा जीवन अति सुखमय होगा।
अमर हो त्रिभुवन विचरेंगे,मृत्यु न सिरहाना होगा।

4. कालकूट

आरंभ हुआ मंथन अब देखो!
क्या कुछ अब यहां निकलेगा।
पहला हक रहे असुर जात का
वह असल फसल प्रथम काटेगा।

मुख ओर वासुकी के दानव-
पूछ पकड़ देव लगाते बल।
मथनी मंदराचल पर्वत की-
मथने लगी क्षीरसागर उदर।

देव पुकारते श्रीहरि नारायण!
असुर जयकारा हर-हर महादेव!
दिग-दिगंत में हरि-हर की ध्वनि-
करती देवों-असुरों में ऊर्जा प्रवेश।

सहसा रूकी सभी की साँसें
मथनी का वेग हुआ कुछ मंद।
कलश छलक कर आया ऊपर
हवा में घुलने लगी भयंकर गंध।

उपजा मंथन में अमृत?पर
संग लिए पहले गरल!
कौन पियेगा अमृत पहले-
कौन कंठ में धारे गरल?

एक बनाता अजर-अमर तो..
द्वूजा पल में करे प्राण हरण।
सबको अपने प्राण हैं प्यारे!
कौन! चाहे असमय मरण?

लगे फिर लड़ने देव व दानव
पाये अमृत वही,जो हो सबल।
जो हारेगा..वही पात्र बनेगा-
और मरेगा..पीकर कटु गरल।

डगमग डोल रहा था पौरूष-
हलाहल बना डर का घर।
अति डरावनी मौत मिलेगी-
विष कंठ में यदि गया उतर।

कालकूट यह अति भयंकर
आज हरेगा सबके प्राण।
सिवाय शिव के नही जगत में
जो दे पाए हमे निदान।

इस तनातनी में बैठी पंचायत
सभी ने भोले याद किए।
भोले तो हैं,मन के भोले!
पल न लगी,वहाँ प्रकट हुए।

था हलाहल अति हानिकर···
हरने को आतुर सबके प्राण।
करें स्तुति देव व दानव!
महादेव!बचाओ अपनी संतान।

हाहाकार मचा भूमंडल पर-
सांसों पर कुटिल आघात हुआ।
तन से प्राण निकलने को हैं-
हर सजीव को मृत्यु आभास हुआ।

साँसें रही हैं सिसक-सिसक!
अति तीक्ष्ण है इसकी धसक।
हवा में घुलना पर तरल ही रहना!
अब जीवों के लिए नहीं सरल।

मंथन में पाया यह कैसा रत्न!
करता जो पल में प्राण क्षरण।
अत्यंत प्रलयंकर है यह गरल!
जीवन बचे कैसे..कठिन प्रश्न।

खग-पक्षी सभी निढाल पड़े है–
लता-वनस्पतियाँ कुम्हलाई सी।
प्राणवायु बनी विनाशक सबकी-
किंतु विषधर के लिए सुखदाई सी।

भोले गटक गये समग्र विष को
कंठ में उतरा जब कालकूट।
नीला कंठ हुआ महादेव का-
देव-असुरों के लगे पसीने छूट।

लगे स्तुति करने सभी भोले की
प्रभु आज बचा लिया सृष्टि को।
बिन प्रभु कृपा के संभव न था-
हुए समर्पित प्रभु-भक्ति को।

सबके तारणहार बने महादेव!
अब नीलकंठ नया नाम मिला।
पी गये जग के हिस्से का विष
अब नव-ऊर्जा का संचार हुआ।

आना ही पड़ता हैं ईश्वर को..
जब जन-हानि होने को होती।
दुःख की कठिन घड़ी में प्रभु की
भक्तों पर सीधी नजर होती।

भोले बैठ गये योग-मुद्रा में,
हलाहल को जो साधना है।
चल पड़े देव-असुर क्षीर को-
मथने,अमृत जो उबारना है।

5. चौदह रत्न

मंथन हुआ प्रारंभ क्षीर का
मिलजुल मथते असुर व दैव।
मंथन की प्रथम बाधा से-
पार करा गये पूज्य महादेव।

द्वितीया रत्न अति पावन वस्तु जो-
सभी ने एक मत हो यह ठानी।
कामधेनु-गऊ साक्षात अन्नपूर्णा
बने ऋषि कुटी की अभिमानी।

तीजा रत्न उच्चैःश्रवा अश्व,जो
धवल-वर्ण का है उड़नेवाला।
लिया मांग बलि ने दिव्य-अश्व
असुर-राज बना घमंडवाला।

चौथा रत्न श्वेत रंग का हाथी
नाम ऐरावत अति बलशाली।
दिव्य-गज बना वाहन इंद्र का-
हुए देवराज अति शक्तिशाली।

पंचम रत्न उदित कौस्तुभ-मणि
इस पर हक मात्र इंद्र का है।
इंद्र ने प्रदान किया कौस्तुभ को
नारायण गला स्थान मणि का है।

छटा रत्न कल्पवृक्ष,जो इच्छित
फल देगा निश्चल याचक को।
बना स्वर्ग की शोभा यह अब
करे समृद्ध समस्त देवों को।

सातवाँ रत्न रूपसी रंभा, प्रकट हुई-
संग लिए अलौकिक प्रतिमान।
किया सहर्ष वरण देवों का रंभा ने
स्वर्ग-लोक हेतु किया प्रस्थान।

अष्टम रत्न अति अनुपम अलौकिक
अब श्रीलक्ष्मी मंथन में प्रकट हुई।
स्वयं नारायण ने मांगा श्री को-
समृद्धि की देवी अति प्रसन्न हुई।

देव है खुश माता को पाकर
अब धन समृद्धि सौभाग्य मिले।
स्वर्ग में आई मनहूसियत से-
सचमुच अब देवों को निदान मिले।

निकली पयोधि गर्भ से वारूणि
तीक्ष्ण-मोहक सुगंध लिए।
असुर-राज ने मांग लिया झट-
मदिरा घट पक्का कर गए।

सहसा मथनी रूकी! अवाक!
सब निहारते क्षीर हुआ मंद।
स्वर्ण चमक,छवि अति शोभित-
प्रकट,हिम-सा शीतल चंद्र।

देव-असुर सब मिलकर बोले!
ताप से पीड़ित आराध्य भोले।
चंद्र का परम स्थान एक है!
चंद्र बैठे यदि चढ़ सिर भोले।

शीतलता पा मुसकाये भोले!
किया इशारा चलो! करो मंथन।
लगे मथने फिर से जलधि को-
असुरों से है देव अति अकिंचन।

ग्यारहवाँ रत्न पारिजात पुष्प-वृक्ष-
जिसे छूते शिथिल तन होता चपल।
देवों ने पाया पुष्प-वृक्ष भी छल से
बढ़े चेतना जो तन दिख रहा निर्बल।

बारहवाँ रत्न शंख पाँचजन्य उपजा-
जो दिख रहा सदैव विजय प्रतीक।
मिला नारायण को उपहार रूप में-
सभी देव आज दिख रहें निर्भीक।

अंतिम दो रत्न है बड़े अनूठे-
संग है उपजे देखो उदर क्षीर।
वैद्य धनवन्तरि संग कलश ले-
उपस्थित हुए है,ले अमृत खीर।

सहसा घट गयी घटना देखो!
असुरों ने कलश लिया छीन!
कपट कर गये, देवों से दानव-
हुए विवश जैसे जल बिन मीन।

पुकार लगाई नारायण सुन लो!
देर न करो यह मसला गंभीर।
करो समाधान समस्या विकट है-
दामन से छुटती दिख रही जीत।

करने लगे सभी ध्यान प्रभु का
प्रभु तुम ही हो हमारे तारनहार।
अमृत मिलें यदि नही हमें तो-
व्यर्थ रहेगा मथना पारावार।

6. मोहिनी

देवों को न्याय दिलाने को!
उन्हें अमृत-पान कराने को।
आज हरि मनोहर रूप लिए!
वसनों पर मोहक गंध लिए।

आ उतरे बीच, दुष्ट राक्षसों के!
हरने को कष्ट,देव बेबसों के।
सभी हतप्रभ और सन्नाटे में।
अप्सरा मिले,तो न रहें घाटे में।

यौवन की छलिया चाल देख!
पैरों में पायल की झंकार देख!
कानों में अति शोभित कुंडल देख।
लटा बिखराते डोलता भूमंडल देख।

वदन पर सुंदर लाल गोल-कपोल!
असुरों का हृदय प्रतिपल रहा डोल।
अधरों पर ऊर्ध्वाधर मांसल झलकें!
आँखों पर क्षितिज सी सुंदर पलकें।

हँसी मोहिनी की हैं चपला समान!
आँखें दे घाव,ह्रदय को तीर समान।
हंसिनी समान सुंदर मोहिनी-ग्रीवा।
पद रखे धरा पर देती प्रेम-पीड़ा।

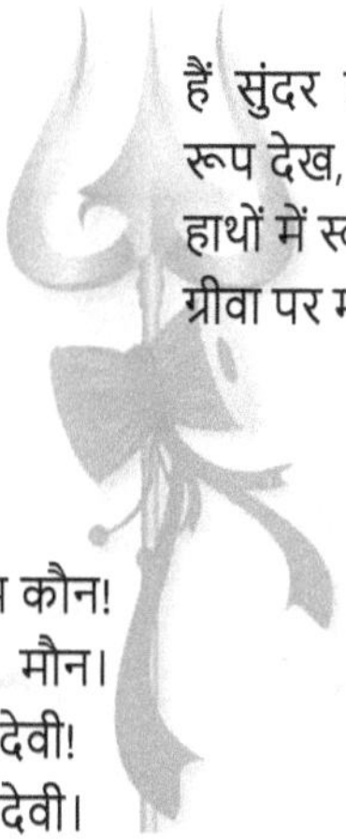

हैं सुंदर छवि, पहन श्रेष्ठ परिधान।
रूप देख, सब हो रहे हैं निष्प्राण।
हाथों में स्वर्ण-जड़ित हथ-फूल पहन!
ग्रीवा पर मनभावन हीरक हार पहन।

सब भौचक्के,हे! देवी तुम कौन!
लगे निहारने कर चित्त मौन।
बोले बलि! क्या प्रयोजन देवी!
क्या? आई सुलह कराने देवी।

हम अमृत-पान पर झगड़ रहें।
अपने कर बांटो,कोई कुछ न कहे।
पर देखो!तनिक यह ध्यान रहें!
हमने यह पाया, हमें ही मिलें।

बोली मोहिनी! हो क्रोधित!
हे!असुर-राज तुम हो अति लोभी।
यह अमृत-कलश पाया कैसे!
विस्तार से बताओ! हाथ आया कैसे?

बोले बलि! यह पाया हमने बल से!
रहे मथ मदिरांचल हम कब से।
जो भी वस्तु निकले समुद्र-मंथन में!
हक आधा मिले,मात्र यही मन में।

पर कौन हमारी सुनता हैं।
हर वस्तु पर इंद्र हक रखता है।
क्या हमने नहीं यहां श्रम किया?
देवों से अधिक परिश्रम किया।

हम सब के हाथो के छाले देख!
सभी राक्षसों के तन काले देख!
त्वचा क्षत-विक्षत,जर्जर हड्डी है!
पर देवों से नही,हम फिसडडी है।

अमृत केवल है दैत्य रसद।
स्वयं ही देखो हमारी अदद!
लड़ना पड़े यदि हमें देवों से!
सज्ज हैं हम,कहों इन देवों से।

मोहिनी ने समझी असुर चाल!
चलनी पड़ी यौवन वाली चाल।
असुरों पर कामदेव ने वार किया।
मोहिनी मिले मन में ठान लिया।

था इत्र मोहिनी का अति मनमोहक।
जो सूंघें..वही बने वासना का द्योतक।
सब सम्मोहित हुए······बस निहार रहे।
सुंदरी के प्रणय में सर्वस्व हार रहें।

दिया···कलश थाम कर मोहिनी के।
देवी! पान कराओ एक-एक करके।
हो जाओं पंक्तिबद्ध, सुंदरी ने कहा।
बैठो धरा पर..मिलेगा सबको सुधा।

पर सुनो हे! बलि राजा अब मेरा कथन।
क्या बिन देव-परिश्रम…..संभव मंथन!
यदि नहीं,तो सुधा-पान से वंचित क्यों?
तुम एक दानी राजन,ऐसी हठ हैं क्यों?

था बलि हृदय से देव समान!
कर आकलन..वह गया मान!
छल मोहिनी का न भांप सका।
मन से कोमल था गया ठगा।

बात समझ आई,सहर्ष हाँ कर दी।
मोहिनी चाल देवों को जीवन दे गयी
सब बैठे शीघ्र लगी देव-कतार।
पायें आज अमृत रहे सोच-विचार।

था स्वरभानु बुद्धि से अति तेज!
भांप गया मोहिनी का रचा खेल।
ठानी पीऊं अमृत देवों के संग।
जीतूं अमरता की परम जंग!

बदला भेष और बना वह देव।
आ बैठा बीच सभी देवों के।
पाऊं अमृत हाथ मोहिनी के-
मिले अमरत्व संग इन देवों के।

छिपा हुआ था दानव, बनकर देव
पाया अमृत,चिल्लाए सूर्य-चंद्रदेव।
कंठ तक पंहुचा ही था अमृत घूट
सुदर्शन चला,गया सर धड़ से छूट।

असुर प्रसन्न,अमृत ने अपना काम किया
स्वरभानू मरा,किंतु राहू-केतू ने जन्म लिया।
सिर राहू और धड़ केतू फिर कहलाया!
स्वरभानु हुए अमर,देवों सा जीवन पाया।

अमृत रहा नही अब कलश में
असुर रहे वंचित,फंसे भंवर में।
मोहिनी ने छल किया हमारे साथ
हो क्रुद्ध असुर करने लगे उत्पात।

गुरू शुक्राचार्य प्रकट हुए,
सभी असुरों को किया शांत।
किया क्रोध असुरों पर, बोले!
तुम सारे असुर हुए मति-भ्रांत।

थी यह प्रभु की चाल कूट।
घातक रहीं तुम असुरों की फूट।
देखो! सबल ने पाया अमृत घूंट।
तुम निर्बलों के हिस्से काल-कूट।

पाता है अमृत सदैव सबल।
निर्बल के हिस्से नयन सजल।
प्रभु कर गये अपनी सृष्टि से छल!
यह बात करेंगे कई युगों तर नर।

श्रम करा कर,कोई मेहनताना न दे!
हाथ आई दौलत⋯छल से यदि ले।
इसको ही तो डाका कहते है!
असुर निर्बल है!क्या कर सकते है?

बोलो मोहिनी! क्या यह सही हुआ?
क्या असुरों ने समुद्र मंथन नही किया?
कैसे तन काले हुए इन असुरों के।
कैसे तन गोरे रहे! देखो सब देवों के!

पर क्या कहीं ऐसा देखा है?
प्रसाद भोग में भी धोखा है?
मैं जान गया प्रभु सही रूप में आ जाओं।
मैं अति कुपित हूँ,मुझे यह समझाओं।

इस कृत्य को ही तो छल कहते है।
असुर ही क्यू? दुर्व्यवहार में जीते है
देव असुरो पर कभी न होते सफल।
बल-क्षीण था,देव थे अति निर्बल।

हरि ने त्यागा मोहिनी रूप सघन।
देवों संग असुरो ने किया नमन।
अब सुनो असुर-गुरू शुकराचार्य!
न हुआ मुझसे कोई अनुचित कार्य।

यह काज सब सृष्टि बचाने को।
तीनो लोकों में संतुलन बनाने को।
मैंने अनुपम निर्णायक कार्य किया।
राहु-केतु का दिव्य पुरस्कार दिया।

नव ग्रहों में इन्हें स्थान मैं दूँ!
बने मानव पूज्य,वरदान में दूँ।
न रहे कोई द्रोह असुर मन में।
कह हरि अंतर्ध्यान हुए क्षण में!

मिली देव-दिव्य शक्ति,जो थी क्षीण।
अब निखरे देव पहले से अति प्रवीण।
सुख संपदा वैभव मान-सम्मान मिला।
स्वर्ग में पारिजात मनोहर पुष्प खिला।

लौट आई पहले से अधिक चहल-पहल!
स्वर्ग बना अब तीनों लोको में श्रेष्ठ महल।
गदगद हैं, इंद्र विचरण करते ऐरावत संग।
कर रहे निगरानी भूलोक की नवग्रहों संग।

सतयुग की छटा अति निराली है।
मृत्युलोक में चहु ओर खुशहाली हैं।
देवों ने अपने कर्तव्य का मान रखा।
प्रभु कृपा से जीवन-अमरत्व चखा।

7. शुक्राचार्य-वेदना

सोच रहा गुरू! अपने मन में..
वह ठग की विकल कहानी।
क्यू असुरों से पक्षपात कर!
श्रीहरि ने की मनमानी।

कहने भर को जगपालक है?
क्या असुर नहीं यहां बसते?
रक्षक ही जब आँख मीच ले!
बेबस जाए किस रस्ते?

जीवन-मरण सृष्टि-कर्म है!
फिर क्यूँ मंथन था करना!
एक पक्ष पाए अमरता!
दूजों का बिन अमृत मरना।

मन पीड़ा में,सोच-सोचकर
विचलित,चुभती ह्रदय में शूल।
वो फूले नहीं समाते,नाचते,
पीकर,असुर हिस्से का घूंट।

निर्बल को सबल बनाने को!
देवों का सम्मान बचाने को!
छल से असुर हराने को।
असुरों से स्वर्ग दिलाने को!
क्या कार्य किया यह ठीक?
बोलो! हरि यह कौनसी रीत।

शिथिल देवों को ऊर्जा देकर!
असुरों को वासुकी मुख देकर!
असुर विष-वाष्प से हानि पाकर!
शरीर अति कष्ट में अपना पाकर!
माँग रहे थे निज जीवन की भीख!
बोलो! प्रभु! क्यू आँखें ली हमसे मीच।

स्वयं भी करते हरि, देवों संग मंथन!
दानव..स्वयं ही करते भीषण मंथन!
बाहुबल में असुरों से थे देव-अकिंचन।
शक्तिहीन देवों के,नहीं बस था मंथन।
उनकी निकल रही थी चीख।
बोलो! हरि! क्या हम थे वहाँ बलहीन?

हर वस्तु मंथन में जो उपजे!
इंद्र की मांग वहाँ प्रथम गरजे!
असुर बेबस हर वस्तु को तरसे!
पा गये देव, जो भी चाहा हर से।
फिर भी असुरगण मंथन करे निर्भीक।
बोलो! हरि! इसे गलत कहें या ठीक?

मैंने सदैव उसे अपना माना!
जिसने धर्म को अपना जाना।
शुक्र तू जानें शिष्य कारनामा।
असुर-कृत्य सारा जग जाना।
शिष्य है तेरे निपट,अधर्मी और अति नीच!
क्या दे पाए तुम उनको,पाप-पुण्य की सींख।

देव है सहायक सृष्टि पालन में!
धर्म,न्याय,रक्षा,ऋतु-संचालन में।
यज्ञ-वेद,शास्त्रों के ज्ञान अनुपालन में।
सदैव तत्पर प्रकृति के लालन-पालन में।
देव जगाते नर-हृदयों में सदैव धर्म की लीक।
कहो! शुक्र!इन असुरों से कर पाऊंगा मैं प्रीत

8. आत्म-मंथन

एक मंथन सतयुग का बीता
नव-मंथन कलयुग का बाकी हैं।
नित बढ़ रहा पाप धरा पर
चारो ओर छाई घनी उदासी हैं।

कर्म नीच हुए मानव तेरे
असुरता अंतर में बसती है।
धर्म-मार्ग दिया तज रे मानव!
कितनी मलिन तेरी बस्ती है।

रे नर! तू न बहिन का,न भाई का!
और न रहा स्वयं की परछाई का।
निश-दिन मन मे कपट विराजे।
मोह-माया में समूची वसुधा नापे।

काम,क्रोध,मद,मोह,व धनलोलुपता
समाई उर में तेरे व्यसन,दुराचारिता।
मित्र को छलना,परिजनों से लड़ना।
खत्म कर ली रे! मानव जीवन-संवेदना।

धर्म को त्यागा,कितना बड़ा अभागा।
था तू कभी एक परम सनातनी राजा।
जीवन नरक बना तेरा हे! कलयुगी मानव!
नर न रहा,दानव मत बन,आधुनिक मानव।

वैदिक-धर्म का ह्रास हुआ है!
आधुनिकता अभिशाप बनी।
धनलोलुपता के कारण मानव!
जीवन में है ऊथल-पुथल घनी।

प्रतिस्पर्धा ने तुझे धकेला-
अंध-कूप मे तू जा गिरा।
अव्वल आने के चक्कर में-
जीवन तेरा अब नरक बना।

मोह-माया ने तुझको जकड़ा!
जीवन में तेरे दुखड़ा ही दुखड़ा।
भागदौड़ में तू थका और हारा!
धन-संचय को बेबस व लाचारा।

चिंता नित तेरा पीछा करती!
प्रतिद्वंद्विता न तुझको तजती।
प्रभु से प्रेम तुझे झंझट लगता!
इस कारण तू तिल-तिल मरता।

सुख-चैन स्वयं ही तूने खोया!
जीवन में चिंता-शूल खुद ही बोया।
अब क्यू मानव भाग्य पर रोया।
फूल मिले कैसे? जब शूल ही बोया।

निर्बल कितना रे! मानव दिखता!
वाहन बिन तेरा न कटता रस्ता।
यदि तू अपने पैरों पर चलता!
तो कभी औषधालय न तकता।

कलुषित कृत्य है चर्चित तेरे!
पाप-कर्म के नित काज है तेरे।
फंसा हुआ है तू बीच भंवर में।
ईश्वर नाम ले,लगे जीवन संवरने।

जो नर बिन गुरू,सत्मार्ग अभिलाषी।
बिन गुरू-ज्ञान, मिले मात्र उदासी।
रे! नर अब गुरू को अपना कर ले!
जीवन-पथ सुगम,सत्मार्गी कर ले।

चल अब ठान और मंथन की सोच।
सतयुगी जीवन की करो अब खोज।
समय पर जो चेतना मन में लाता।
उसका न कोई बाल-बाँका कर पाता।

कर्म को बना रे! नर मथनी अपना।
क्षीर तेरा है समग्र जगत सुलक्षणा।
साहस की नेती सदैव पकड़ कर रखना।
दोनों कर से मथ ले चिर-जीवन सपना।

बदले मानव! भाग्य अगले ही पल तेरा!
काली विभावरी बीते,आए नया सवेरा।
दिन सुहाने,लाते जीवन में खुशहाली।
काली अमावस में,अब जगमग दीवाली।

www.ingramcontent.com/pod-product-compliance
Lightning Source LLC
LaVergne TN
LVHW041555070526
838199LV00046B/1985
* 9 7 8 9 3 6 4 5 2 4 7 4 2 *